ISBN 978-1-332-65077-4
PIBN 10363115

1 MONTH OF
FREE
READING

at

www.ForgottenBooks.com

By purchasing this book you are eligible for one month membership to ForgottenBooks.com, giving you unlimited access to our entire collection of over 700,000 titles via our web site and mobile apps.

To claim your free month visit:

www.forgottenbooks.com/free363115

English
Français
Deutsche
Italiano
Español
Português

www.forgottenbooks.com

Mythology Photography **Fiction**
Fishing Christianity **Art** Cooking
Essays Buddhism Freemasonry
Medicine **Biology** Music **Ancient**
Egypt Evolution Carpentry Physics
Dance Geology **Mathematics** Fitness
Shakespeare **Folklore** Yoga Marketing
Confidence Immortality Biographies
Poetry **Psychology** Witchcraft
Electronics Chemistry History **Law**
Accounting **Philosophy** Anthropology
Alchemy Drama Quantum Mechanics
Atheism Sexual Health **Ancient History**
Entrepreneurship Languages Sport
Paleontology Needlework Islam
Metaphysics Investment Archaeology
Parenting Statistics Criminology
Motivational

LE CUISINIER

DE BUFFON,

VAUDEVILLE EN UN ACTE,

Par MM. ROUGEMONT, MERLE et SIMONNIN;

REPRÉSENTÉE, POUR LA PREMIÈRE FOIS, A PARIS, SUR LE THÉATRE
DE LA PORTE SAINT—MARTIN, LE 29 JUILLET 1823.

SECONDE ÉDITION.

PARIS,

POLLET, Libraire, Éditeur de Pièces de Théatre,
RUE DU TEMPLE, N° 36, VIS-A-VIS CELLE CHAPON.

PERSONNAGES.	ACTEURS.

GUÉNOT, cuisinier de M. de Buffon. M. POTIER.

BEXON, savant naturaliste........ M. SIGNOL.

POT-DE-VIN, intendant de Buffon. M. GRANGER.

GERTRUDE, cuisinière de Buffon... Mᵐᵉ ST.-AMAND.

JULIEN, garçon jardinier........ M. PAUL.

PERRETTE, nièce de Gertrude.... Mˡˡᵉ ODILLE.

Un DOMESTIQUE DE M. D'AUBENTON. M. MOUFLET.

PLUSIEURS SAVANS.

VILLAGEOIS DE LA NOCE DE JULIEN ET PERRETTE.

PLUSIEURS DOMESTIQUES.

La Scène se passe à Montbard.

Vu au Ministère de l'Intérieur, conformément à la déci-
sion de S. Ex., en date de ce jour.

Paris, le 24 juin 1823.

Par ordre de Son Excellence,
Le Chef adjoint au Bureau des Théâtres,

COUPART.

LE CUISINIER

DE BUFFON,

VAUDEVILLE EN UN ACTE.

La théâtre représente un salon dont le fond est ouvert, et laisse voir de beaux jardins. — A droite, dans le salon, une bibliothèque ; vis-à-vis, plusieurs rayons sur lesquels sont des coquillages, des fleurs étrangères et autres objets d'histoire naturelle ; sur le devant de la scène, et de chaque côté, une table ; sur l'une, des dictionnaires et autres livres ; et sur l'autre, tout ce qu'il faut pour écrire.

SCÈNE PREMIÈRE.

POT-DE-VIN, BEXON, Plusieurs Savans. (*Les savans sont occupés, les uns à copier des fragmens de livres, les autres à examiner les objets d'histoire naturelle.*)

BEXON.

Nous vous remercions, M. Pot-de-vin, de votre aimable accueil ; nous sommes enchantés de vos soins et de vos prévenances.

POT-DE-VIN.

Messieurs, je ne fais que mon devoir.

BEXON.

Montbard est un séjour délicieux. Les jardins, les serres chaudes, les cabinets d'histoire naturelle sont dans le meilleur état, et l'on ne s'aperçoit de l'absence du maître que par le regret qu'on éprouve de ne pas jouir du plaisir de l'entendre.

POT-DE-VIN.

M. le comte de Buffon, dont je viens de recevoir une lettre, est pénétré de reconnaissance de la bonté que vous avez eue de venir mettre ses collections en ordre..... Ah! j'oubliais de vous dire que j'attends d'un moment à l'autre différens objets qui m'ont été annoncés par M. d'Aubenton, et quelques animaux rares apportés par M. de Bougainville.

BEXON.

Nous nous empresserons d'en préparer la description; mais n'attendez-vous pas aussi quelques savans étrangers?

POT-DE-VIN.

M. le comte ne m'a parlé que de l'arrivée de M. Guéneaud de Montbelliard....

BEXON.

Ah! parbleu, je serai enchanté de le voir. C'est, je crois, le seul savant que je ne connaisse pas; Guéneaud de Montbelliard, l'illustre collaborateur de M. de Buffon! Messieurs, c'est une heureuse rencontre pour nous.

POT-DE-VIN.

Et, pour que rien ne manque à votre réception, il nous vient un cuisinier de Paris.

BEXON.

Un cuisinier de Paris!

POT-DE-VIN.

Et, par-dessus tout cela, nous avons une noce.

TOUS.

Une noce?

POT-DE-VIN.

La filleule de M. de Buffon.

BEXON.

La petite Perrette... n'est-ce pas?.. Eh bien! Messieurs, voilà de quoi passer le tems agréablement.

POT-DE-VIN.

AIR *des Comédiens.*

Vous le voyez, tout était prêt d'avance
Pour prévenir vos désirs et vos goûts :

Mon maître veut, Messieurs, qu'en son absence
Vous soyez tous ici comme chez vous.

BEXON.

Ce tendre soin, ô Buffon! nous assure
Par quels doux nœuds à nous tu t'es lié ;
Le confident, l'amant de la nature
Sait être cher encore à l'amitié.

TOUS.

Grâce à Buffon, tout était prêt d'avance
Pour prévcuir nos désirs et nos goûts ;
Notre ami veut, Messieurs, qu'en son absence
Nous soyons tous ici comme chez nous.

(*Ils sortent.*)

SCÈNE II.

POT-DE-VIN, *seul.*

Maintenant, occupons-nous de la noce et du cuisinier...
Quant aux objets de M. d'Aubenton...

SCÈNE III.

POT-DE-VIN, GERTRUDE.

GERTRUDE.

Eh bien! M. Pot-de-vin, j'en apprends de belles...

POT-DE-VIN.

Qu'est ce, Madame Gertrude?

GERTRUDE.

AIR : *Vive une femme de tête.*

Depuis dix ans cuisinière,
Moi, souffrir un tel affront!
Non, non, Monsieur, je préfère
Sortir de cette maison.

POT-DE-VIN.

Pourquoi donc cette colère ?
Songez que Monsieur Buffon

Veut que sa maison, ma chère,
Soit enfin sur un grand ton.

GERTRUDE.

Certe, il en est bien le maître.

POT-DE-VIN.

Et dans ce cas, entre nous,
La besogne pourrait être
Un peu trop forte pour vous.

GERTRUDE.

N'ai-je donc pas l'habitude
Du service des fourneaux?

POT-DE-VIN.

C'est vrai, Madame Gertrude;
Mais j'ai des ordres nouveaux.

GERTRUDE.

Quelquefois sur la dépense,
Ai-je après moi fait crier?
Et, pour aller à la danse,
Fait danser l'ans' du panier?

POT-DE-VIN.

De retour dans sa patrie,
Monsieur voudra, pour briller,
Etre de l'Académie;
Il lui faut un cuisinier.

GERTRUDE.

Mais, enfin, M. Pot-de-Vin, depuis le tems que je suis
chez M. de Buffon, n'ai-je pas apporté dans mes fonctions
la délicatesse, la grâce et la probité?....

POT-DE-VIN.

Sans doute!

GERTRUDE.

Ai-je laissé brûler un rôti, tourner une sauce, dessécher
un ragoût?

POT-DE-VIN.

Non! mais...

GERTRUDE.

Qu'on me donne un aide, et non pas un chef!

POT-DE-VIN.

Celui-ci est un homme très-célèbre, qui a déjà écrit sur la cuisine... Guénot...

GERTRUDE.

Tiens, c'est le nom d'un savant, d'un ami de M. de Buffon.

POT-DE-VIN.

Mais ce n'est ni le même homme, ni la même orthographe... M. Guénot est le cuisinier par excellence : j'ai eu toutes les peines du monde à le décider à venir ici.

GERTRUDE.

Il n'a qu'à bien se tenir !... je lui ménage une réception...

POT-DE-VIN.

Je l'attends aujourd'hui même !

GERTRUDE.

Aujourd'hui... c'est bon !...

POT-DE-VIN.

Il doit s'essayer sur le repas de noce de Julien.

GERTRUDE.

Sur le repas de noce de Juhen ?... s'il n'a que celui-là à faire... jour de Dieu !...

POT-DE-VIN.

Savez-vous que vous êtes méchante, mère Gertrude !... je ne m'étonne plus si vous n'avez pû vous accorder avec votre mari...

GERTRUDE.

Et vous vous imaginez que je souffrirai qu'un étranger qui n'est pas mon mari...

(*On entend la ritournelle du chœur suivant.*)

POT-DE-VIN.

Tenez ! c'est la noce de Julien et de Perrette, votre nièce.

GERTRUDE.

J'vas les faire danser; moi !... ils vont voir...

SCÈNE IV.

Les Mêmes, JULIEN, PERRETTE, *en toilette de mariés*, les Villageois.

CHOEUR.

Air *du vaudeville du Tournois.*

Salut à Monsieur Pot-d'Vin !
C'est la noce de Perrette
Qui demand' qu'on lui permette
D'aller danser dans l'jardin.

JULIEN.

Not' repas sera charmant ;
Mais comm' la tabl' n'est pas prête,
J'voudrions, en attendant,
Distraire un peu ma Perrette.

TOUS.

Salut à Monsieur Pot-d'Vin,
Etc., etc.

POT-DE-VIN.

Mes enfans, vous pouvez danser dans le jardin ! surtout prenez garde aux fleurs étrangères !... vous savez comme M. le comte tient à ses fleurs.

JULIEN.

Oh ! soyez tranquille, M. l'Intendant, drès que j'sommes le jardinier de M. le Comte, ça me connaît.

GERTRUDE.

Oh ! mon Dieu, oui ; vous pouvez danser jusqu'à demain, si ca vous amuse.., mais, par exemple, ça ne sera pas avec Perrette, car je lui défends de sortir.

PERRETTE, *riant d'un air étonné.*

Moi, ma tante !... c'est pour plaisanter, n'est-ce pas ?

JULIEN.

Eh ! oui, tu n'vois pas que ta tante rit.

GERTRUDE.

Non ! je ne ris pas !... je ne ris jamais, encore moins aujourd'hui que les autres jours !...

JULIEN.

Tiens, qu'est-ce qu'elle a donc la mère Gertrude ?

PERRETTE.

AIR : *Eh ! ma mère , est-c'que j'sais ça.*

Hier soir , ma bonne tante ,
Vous m'avez dit , entre nous :
Tu dois être bien contente
Que Julien d'vienn' ton époux ;
S'il n'a pas la min' trompeuse,
L'amour seul sembl' l'occuper ;
Et d'main , tu seras heureuse :
C'était donc pour m'attraper. (*bis.*)

JULIEN.

Même air.

Et quand ce matin encore
Vous m'disiez dans un p'tit coin :
Pour toi ce jour est l'aurore
D'un bonheur qui t'mèn'ra loin :
Car ma nièce est, je le gage,
Incapable de t'tromper,
Elle est innocente et sage ;
C'était donc pour m'attraper ? (*bis.*)

GERTRUDE.

Je ne vous écoute ni l'un ni l'autre , et je vous répète que vous ne vous marierez pas. .

PERRETTE.

Mais ma tante , vous ne pouvez plus...

GERTRUDE.

Ah ! l'on fait venir un cuisinier de Paris !... et c'est par ce repas de noce qu'il doit débuter... Passez par ici Mademoiselle. (*Elle prend Perrette par le bras , et la fait passer auprès d'elle.*)

POT-DE-VIN.

Madame Gertrude, ces jeunes gens ne sont pas la cause...

GERTRUDE.

Je vous en prie, M. l'Intendant, laissez-moi gouverner ma nièce comme je veux, comme je l'entends, comme je le prétends !... je suis sa tutrice, j'ai tous les droits sur elle ; je ne veux pas qu'elle se marie

POT-DE-VIN.

Mais encore.... c'est pousser la sévérité trop loin !...

GERTRUDE.

Vous m'avez entendu , Perrette ! . allez vous désha-

biller... et que je ne vous le dise pas deux fois !.... ou si-
non !.... je saurai me faire obéir. (*à elle-même en sortant*)
Ah ! l'on fait venir un cuisinier de Paris. (*Elle sort.*)

SCÈNE V.

LES MÊMES, *excepté* GERTRUDE.

POT-DE-VIN.
Rassurez-vous , nous viendrons à bout de la mère Gertrude ; et d'ailleurs lorsque M. le comte sera arrivé...

PERRETTE.
Oh ! oui, M. le comte ne se laissera pas faire la loi par
ma tante.

JULIEN.
Bah ! elle la faisait ben à son mari qu'était vot' oncle.

PERRETTE.
Mon oncle, je ne l'ai jamais connu , puisqu'il l'a quittée
avant que je sois avec elle ; n'est-y pas vrai , M. Pot-de-Vin ?

POT-DE-VIN.
Je ne sais pas , mon enfant, je n'ai jamais vu le mari de
Gertrude. Ah ! ça , allez chacun de votre côté , et d'ici un
mois !...

JULIEN.
Un mois !

POT-DE-VIN.
Oui !... M. le comte, que nous attendions ces jours-ci,
n'arrivera qu'à la fin du mois.

JULIEN.
Ah ! mon Dieu ! mon Dieu ! M. Pot-de-Vin, qu'est-ce
que nous allons devenir ?...

PERRETTE , *regardant sa parure.*
Avoir fait une si belle toilette pour rien... (*pleurant*)
Ah ! mon Dieu !...

JULIEN.
Queux guignon !...

POT-DE-VIN.
AIR : *Je regardais Madelinette.*
Faut-il que l'on se désespère
Pour un si léger contre-tems ?

Souvent le bonheur qu'on diffère
A plus d'attraits pour les amans.

PERRETTE.

Moi, qui croyais être tout d'suite
La femme de mon prétendu !

POT-DE-VIN.

Ma chère, un mois passe bien vîte !

PERRETTE.

C'est toujours un mois de perdu.

TOUS.

Faut-il que l'on se désespère,
Etc., etc.

ENSEMB.

PERRETTE ET JULIEN.

C'en est fait, je me désespère
De voir un pareil contre-tems ;
Toujours le bonheur qu'on diffère,
Cause le malheur des amans.

(*Ils sortent.*)

SCÈNE VI.

POT-DE-VIN, *seul.*

Oui, oui ! malgré la colère de Madame Gertrude... la
noce se fera.... j'en réponds....

SCÈNE VII.

POT-DE-VIN, GUÉNOT, *en habit bourgeois, tenant son
porte-manteau à la main.*

GUÉNOT.

Serait-ce par hasard à M. le comte de Buffon que j'aurais
l'honneur de parler ?

POT-DE-VIN.

C'est un autre lui-même.

GUÉNOT.

Monsieur son frère.... peut-être ?

POT-DE-VIN.

Non, son intendant.

GUÉNOT.

Alors, c'est tout-à-fait différent; c'est à M. de Buffon que je désire parler.

POT-DE-VIN.

Il est en Italie pour le moment.

GUÉNOT.

En Italie... alors je ne comprends pas pourquoi M. le comte de Buffon, qui voyage en Italie, fait venir un cuisinier à Montbard... Quelque diligence qu'on fasse pour lui porter son dîner, il sera toujours froid.

POT-DE-VIN.

Ah! c'est vous...

GUÉNOT.

Il est vrai que l'Italie est un pays chaud... Mais c'est égal, la route...

POT-DE-VIN.

Vous êtes donc M. Guénot?...

GUÉNOT.

Indirectement; Guénot est un nom de guerre que j'ai emprunté à un maître célèbre, qui m'a initié dans les secrets de cet art merveilleux dont les progrès remplissent les cent bouches de la Renommée... On ne peut pas se le dissimuler; la cuisine a fait un grand pas.

POT-DE-VIN.

Ah! Guénot n'est pas votre nom.

GUÉNOT.

C'est celui d'un de mes professeurs... Il a dit adieu aux fourneaux de ce monde... J'ai hérité de son nom et de sa science.

POT-DE-VIN.

C'était donc un homme...

GUÉNOT.

Le plus grand homme de bouche que j'aie connu... C'est-à-dire, j'en ai connu un plus fameux encore... mon second maître... Guénot était le premier; mais le second était bien au-dessus.

POT-DE-VIN.

Au-dessus du premier?

GUÉNOT.

. Il n'y a pas de comparaison !... Vous devez avoir entendu parler de lui ?... c'est l'auteur des artichaux... vous savez ?

POT-DE-VIN.

Frits ?

GUÉNOT.

Non , non !.... des artichaux.... Parbleu, on ne mange que cela dans les grandes maisons... dans la bonne société... Les artichaux.... à la.... Allons donc.... à la.... Vous y êtes ?....

POT-DE-VIN.

Je n'y suis pas du tout...

GUÉNOT.

Alors, je vais m'expliquer plus clairement.

AIR *de la Sentinelle.*

Christoph' Colomb, de gloire tourmenté,
Après avoir découvert maints parages ,
Pour arriver à l'immortalité
Donna son nom à ces nouveaux rivages.
  Mon maître ainsi , par ses travaux,
  Jaloux de sortir de la foule ,
  Afin d'illustrer ses fourneaux ,
  A baptisé ses artichaux
  Du nom fameux de Barigoule.

POT-DE-VIN.

Ah ! j'y suis ; les artichaux à la Barigoule.

GUÉNOT.

Avez-vous connu Robert ?... qui nous a laissé sa sauce?

POT-DE-VIN.

La sauce Robert... Oui, oui!...

GUÉNOT.

Avez-vous connu Béchamel ?... Il est encore resté beaucoup de choses de Béchamel ; et bien Barigoule aurait avalé dix Béchamel ! C'était un vrai génie de cuisine... toujours plein de feu dans ses compositions... Il est resté de lui une foule de mets : le bœuf à la royale , le gigot à la sultane, l'épaule à la turque, les œufs à la duchesse, la crème à la marquise.

POT-DE-VIN.

Et de vous, Monsieur Guénot, est-ce qu'il n'est rien
resté?....

GUÉNOT.

Non, pas encore.... c'est-à-dire si.... le premier dîner
que j'ai fait il y a dix ans... c'était chez un fermier-général,
c'était mon premier diner, je l'ai manqué... il est resté tout
entier; tout est resté, excepté moi... je ne suis pas resté...
on m'a mis à la porte....

POT-DE-VIN.

J'espère qu'il n'en sera pas de même ici.

GUÉNOT.

Ah ! ça, mais à quoi bon un cuisinier pendant l'absence
de M. de Buffon ?

POT-DE-VIN.

C'est pour qu'il se mette au fait du service avant son retour.

GUÉNOT.

Mais s'il n'y a rien à faire, personne à traiter...

POT-DE-VIN.

Personne !... Nous avons une noce aujourd'hui !...

GUÉNOT.

Une noce !... A la bonne heure, me voilà dans mon cen-
tre... Les grands repas.... Je vais vous composer un menu !..
Qui est-ce qui se marie.

POT-DE-VIN.

La filleule de Monsieur le comte et le fils du jardinier.

GUÉNOT, *à lui-même.*

Pigeons en compotte...

POT-DE-VIN.

Les parens sont invités,

GUÉNOT.

Chapon au gros sel, canard aux olives...

POT-DE-VIN.

Avec leurs petites familles ;

GUÉNOT.

Mauviettes farcies...

POT-DE-VIN.

Plus le vieux bailli,

GUÉNOT.

Dindon à la gelée...

POT-DE-VIN.

Le collecteur,

GUÉNOT.

Brochet au bleu...

POT-DE-VIN.

Et tous les jardiniers du canton.

GUÉNOT.

Macédoine de légumes... mon dîner est là !...

POT-DE-VIN.

Vous voyez qu'on vous a ménagé dès votre arrivée l'occasion de vous distinguer.

GUÉNOT.

On se distinguera... où est notre cuisine ? est-elle grande, spacieuse, aérée, bien carrelée?... avons-nous la cheminée au nord ? une croisée au sud-ouest ?... avons-nous un four de campagne ? un réchaut à la sultane ? une douzaine de marmites? un demi-cent de casserolles, autant de chaponnières, de chocolatières, poissonnières, turbotières, saumonières, anguillères ?

POT-DE-VIN.

Vous trouverez tout ce qu'il vous faut, jusqu'à une cuisinière.

GUÉNOT.

Qu'est-ce que vous dites donc? est-ce que je me sers de ça... je me plais à croire que le comte de Buffon, célèbre naturaliste, a un tourne-broche...

POT-DE-VIN.

Je vous parle de notre cuisinière, une femme d'un certain âge...

GUÉNOT.

Eh bien ! nous la mettrons à la porte, la bonne femme.

POT-DE-VIN.

Non... non... c'est une ancienne domestique, pour qui les maîtres ont des égards... parce qu'elle a éprouvé des malheurs; elle a eu pour mari un mauvais sujet, qui l'a abandonnée, après lui avoir mangé tout ce qu'elle avait.

GUÉNOT , *d'un air rêveur.*

Ah !... oui... mais , peut-être aussi... car il ne faut pas toujours...

POT-DE-VIN.

Il la rendait malheureuse comme les pierres.

GUÉNOT.

Vous n'êtes pas marié ; si vous l'aviez été comme moi, vous sauriez qu'il y a des cas où , avec les femmes , on est obligé d'en venir à des extrémités...

POT-DE-VIN.

C'est possible ; mais celle dont je vous parle mérite de la considération...

GUÉNOT.

A-t-elle un peu de talent ?

POT-DE-VIN.

Oui ; elle est assez adroite...

GUÉNOT.

On lui fera d'abord éplucher des herbes et , si elle montre de l'intelligence, on la fera passer aux petits oignons.

POT-DE-VIN.

Vous allez la faire crier.

GUÉNOT.

Si elle pleure..... on lui fera faire des petites liaisons innocentes... pour la distraire.

POT-DE-VIN.

Vous vous arrangerez avec elle..... Je m'en vais vous faire préparer ce qu'il vous faut afin de procéder à vôtre installation.

GUÉNOT.

Allez !...

POT-DE-VIN.

AIR *du vaudeville de la Belle aux bois dormant.*

Allons ! je vous quitte.
Occupez-vous vîte
De votre ambigu.

GUÉNOT.

Vîte... c'est bien facile à dire !
Avant de faire mon menu
Je dois l'écrire.
Je suis écrivain cuisinier.

POT-DE-VIN.

Voici de l'encre et du papier.

GUÉNOT.

Depuis long-tems, c'est ma coutume,
Je n'arrange pas un seul met,
Pas un pigeon, pas un poulet,
Sans mettre la main à la plume.

ENSEMBLE.

POT-DE-VIN.

Allons, je vous quitte!
Occupez-vous vîte
De votre menu;
Voici ce qu'il faut pour l'écrire;
Que dans ce repas impromptu
On vous admire!

GUÉNOT.

Ce qu'on fait trop vîte
N'a pas grand mérite
J'en suis convaincu.
Comme je viens de vous le dire,
Avant de faire mon menu,
Je dois l'écrire.

(*Pot-de-Vin sort.*)

SCÈNE VIII.

GUÉNOT , *seul.*

Il est charmant l'intendant!... Dépêchez-vous! Mettez-
vous vîte à la besogne... comme s'il n'y avait qu'à se mettre
là... comme si l'on pouvait se mettre en train comme ça,
tout de suite, sans réflexion, sans méditation... Qui diable!
on ne fait pas la cuisine comme on fait autre chose; comme
on fait des... souliers... Il y a des gens qui s'imaginent...
Ah! mon dieu!... quand je pense que moi, moi qui ai
écrit sur la cuisine, moi l'auteur de *la Cuisinière Bourgeoise*,
il y a des fois que je suis embarrassé : je suis là, à mes
fourneaux... (*Il fait le geste de prendre alternativement
par la queue, plusieurs casseroles qui sont sur le feu,
et de remuer ce qu'il y a dedans, après avoir ôté le cou-
vercle et l'avoir remis.*) Voyons un peu quel goût ça peut

avoir... (*Il fait le geste de tremper son doigt dans une casserole, et le porte à sa bouche comme s'il goûtait une sauce.*)
Hum!... hum!... ce n'est pas mauvais, ce n'est pas l'embarras... (*recommençant le même jeu*) C'est bon... c'est
fort bon... (*goûtant avec réflexion*) C'est même délicieux...
il y a des gens qui croiraient parbleu avoir fait la meilleure
chose du monde... mais, moi, je ne suis pas content... je ne
sais pas... il manque encore quelque chose... qu'est-ce qu'il
manque?... Ah! voilà le hic!... il s'agit de savoir ce qu'il
manque?... J'ai remarqué que souvent c'est la moindre
chose... Quelquefois ça tient à... (*montrant le petit bout
du doigt.*) gros comme ça d'anchoix... un zeste de citron...
un filet de... ce sont des riens... absolument des riens !...
et ce sont précisément ces riens-là qui vous relèvent une
sauce, et sont appréciés des gastronomes... Voyons, faisons
mon menu. (*Il va s'asseoir devant la table, et écrit, en
parlant, après quelques instans de réflexion, comme quel-
qu'un qui compose.*) D'abord ici... deux entrées de... (*Il
désigne différentes places de mets sur la table, prend l'écritoire, la place dans le milieu, puis son mouchoir, puis sa
tabatière, puis enfin son chapeau, et arrange ainsi d'autres
objets qui se trouvent sous sa main, comme si c'étaient des
plats.*) Ici trois entremets, dont une marmelade... Là, je
suppose, des crèmes de... et au second service, alors des ..
C'est bien, c'est tout ce qu'il faut, parce que je suppose,
nous avons des personnes qui ne mangent pas de ça...
(*désignant un livre qu'il a placé comme un mets*) mais
tout le monde mange de ça... (*désignant sa tabatière*)
et de ça... (*désignant l'écritoire*)... D'abord, je veux que
ce repas les rende stupéfaits d'admiration... Ah! à propos,
en parlant d'admiration... j'oublie que j'ai là les épreuves
de ma Cuisinière Bourgeoise... qu'il faut que je corrige...
voilà un livre d'un débit assuré... tout le monde ne peut
pas lire Corneille... Voltaire... Rousseau... mais tout le
monde peut lire la Cuisinière Bourgeoise... la mère peut
sans le moindre inconvénient en prescrire la lecture à sa
fille... c'est un ouvrage classique... (*Il s'assied devant la
table, et écrit.*) Voyons, corrigeons la Cuisinière Bourgeoise... *La Cuisinière Bourgeoise, par Guéno...* Encore
une omission! Gué... no... no... mais, imbécilles d'im-
primeurs... Guénot prend le T à la fin... il l'a toujours pris
le T... (*Il écrit.*)

SCÈNE IX.

GUÉNOT, BEXON.

BEXON.
Voici un Monsieur qui écrit, ne le troublons pas.

GUÉNOT.
Là : *par Guénot...* continuons.

BEXON, *à part.*
Ah! c'est Monsieur Guéneaud de Montbelliard.

GUÉNOT.
Encore!.. volaille avec une L.,. il faut deux ailes à volaille... je voudrais bien savoir si l'imprimeur de monsieur
de Buffon lui fait de ces choses-là... de confondre les genres,
les espèces...

BEXON, *à part.*
Je ne me trompais pas, c'est monsieur Guéneaud, le
savant naturaliste... (*haut*) Ne vous dérangez pas, Monsieur Guéneaud.

GUÉNOT, *se levant.*
Monsieur...

BEXON.
Vous étiez à revoir une épreuve.

GUÉNOT.
C'est un livre que je vais publier.

BEXON.
Ah! ah! c'est fort bien!... je ne doute pas, Monsieur,
que votre livre n'ait un grand succès.

GUÉNOT.
Il doit en avoir... ou je serais bien trompé...

BEXON.
J'ai aussi quelque chose sous presse...

GUÉNOT.
Est-ce que Monsieur serait un...

BEXON.
Je suis Bexon, l'ami et quelquefois le collaborateur
de monsieur de Buffon.

GUÉNOT.

Quant à moi, je suis...

BEXON.

Guéneaud. . votre nom est assez connu.

GUÉNOT.

Ah! vous savez...

BEXON.

Enchanté de faire la connaissance d'un homme tel que vous... votre réputation...

GUÉNOT.

Ça commence à se mitonner.

BEXON.

Air : *Vaudeville de la Robe et les Bottes.*

Si vous étiez homme vulgaire
Qui ne méritât nul appui,
Monsieur Buffon, la chose est claire,
Ne vous eût pas reçu chez lui.
Des ouvrages tels que les vôtres
Donnent de la célébrité.

GUÉNOT.

Lorsque l'on fait vivre les autres
On a des droits à l'immortalité.

BEXON.

Vous avez bien raison, un bon livre est la nourriture de l'esprit...

GUÉNOT.

De l'esprit... le mien sera mieux que ça.

BEXON.

J'entends... le cœur... l'ame...

GUÉNOT.

Et le corps!...

BEXON.

Ah! oui, philosophiquement parlant...

GUÉNOT.

Parbleu... il faut bien que les philosophes mangent comme les autres... et ces gaillards-là ont bon appétit.

BEXON.

Ah! ah! ah! de la malice... le petit grain de sel attique...

GUÉNOT.

C'est une fort bonne chose que le sel... il en faut toujours un peu ; ça ranime le goût...

BEXON.

Et peut-on savoir de quels objets traite l'ouvrage de Monsieur Guéneaud?

GUÉNOT.

Un peu de tout.

BEXON.

Des végétaux, sans doute?

GUÉNOT.

Oui, des carottes, des navets, des salsifis, oseille, pour-pier, estragon, laitue, panais, épinards.

BEXON.

Pastinaca, spinaria... en latin.

GUÉNOT.

Oui, oui, latin de... j'entends fort bien cette langue-là.

BEXON.

Vous avez dit aussi, en passant, un petit mot sur les animaux?...

GUÉNOT.

Un petit mot... c'est là mon fort... c'est le fond de ma science ; aussi, je me suis étendu sur le bœuf, le mouton, le chevreuil; je les ai envisagés sous tous les rapports; j'ai traité toutes les parties du bœuf : la cervelle, la langue, le palais, le cœur, le foie, les pieds, la tête, la queue ; tout y a passé : le bœuf à lui seul m'a fourni trente-sept articles... c'est un petit animal si intéressant, que ce pauvre bœuf, mon cher Monsieur !... aussi, monsieur de Buffon lui rend bien justice sous ce rapport-là.

BEXON.

Vous ne parlez pas des oiseaux?

GUÉNOT.

Je vous demande pardon... Le pigeon de volière, le canard sauvage, la perdrix rouge, la bécasse, bécassine, caille, faisans, vanneaux, ortolans.

BEXON.

Vous ne vous êtes occupé que des oiseaux d'Europe?

GUÉNOT.

Pas davantage; s'il m'en était tombé d'autres entre les

mains... je vous prie de croire que je n'aurais pas été plus embarrassé ; ils y auraient passé comme les autres : c'est comme des poissons, je ne parle absolument que de ceux que j'ai vus, la carpe, la truite, le saumon, la morue...

BEXON.

J'ai entendu raconter des choses singulières sur la morue.

GUÉNOT.

C'est un excellent poisson... je vous en ferai manger.

BEXON.

Infiniment reconnaissant... mais il me paraît, M. Guéneaud, que toutes les espèces et tous les genres vous sont familiers, votre ouvrage sera curieux, très-curieux.

GUÉNOT.

Monsieur, il sera utile.

BEXON.

J'en retiens un exemplaire...

GUÉNOT.

Cela suffit, je vous enverrai ma Cuisinière.

BEXON.

Ce n'est pas la peine, j'enverrai mon domestique.

SCÈNE X.

Les mêmes, UN DOMESTIQUE.

LE DOMESTIQUE.

M. le comte de Buffon?

BEXON.

Il n'y est pas...

GUÉNOT.

Il est en Italie, mon ami...

LE DOMESTIQUE.

Mon maître sait bien qu'il n'est pas à Montbard... mais il m'a dit de remettre ceci, avec un petit mot que voilà, à Messieurs les savans qui seraient chez M. de Buffon. (*Il remet à Bexon un panier couvert d'une serviette et un billet.*)

BEXON.

Ah! ah! c'est de notre ami Daubenton ; M. Guéneaud,

cela vous regarde... Une carpe du Rhin, une truite du lac de Genève, et des canards du Groënland.

GUÉNOT.

Ah ! diable ! une carpe ; elle est fort belle... Laissez ça, mon ami...

LE DOMESTIQUE.

Il y a aussi un oiseau que M. de Bougainville vous recommande ; il dit qu'il faudra beaucoup de précaution pour l'arrranger.

GUÉNOT.

Nous connaissons cela... Quand on a arrangé des faisans, des pluviers dorés, des alouettes, on peut arranger les oiseaux des quatre parties du monde... Dites à M. Daubenton que vous avez remis cela dans les mains de M. Guénot.

LE DOMESTIQUE.

Ah ! bien Monsieur, mon maître sera enchanté de savoir que c'est vous qui allez accommoder ça... (*Il sort.*)

BEXON.

Je ne veux pas vous troubler davantage : vous restez ici pour le diner ? moi aussi. J'espère, M. Guéneaud, que nous nous reverrons, et que j'aurai le plaisir de m'instruire dans votre conversation.

SCÈNE XI.

GUÉNOT, *seul.*

Comment... il veut apprendre la cuisine... Voilà des caprices des gens du monde !

SCÈNE XII.

GUÉNOT, PERRETTE.

PERRETTE.

C'est y pas vous qui êtes le cuisinier qu'on attend ?

GUÉNOT.

Oui, ma belle enfant... et vous êtes sans doute la gentille mariée...

PERRETTE.

Je l'étais ce matin... mais à présent c'est fini...

GUÉNOT.

Nous avons déjà divorcé ?...

PERRETTE.

Oui, mon mariage est flambé...

GUÉNOT.

Et qui est donc cause de ça ?

PERRETTE.

Qui ? vous, Monsieur.

GUÉNOT.

Moi !

PERRETTE.

Oui vous... quand ma tante, qu'est cuisinière de M. de Buffon, a su que vous veniez la remplacer, et que vous commenciez à entrer en fonctions par notre repas de noces, elle a déclaré qu'elle ne voulait plus nous donner son consentement.

GUÉNOT.

Bah !

PERRETTE.

Elle m'a ordonné d'aller me déshabiller, et prétend qu'il n'y a rien de fait.

AIR : *Ce que j'éprouve en vous voyant.*

Si j'avais su que le repas
Qu'pour mon mariage on doit faire,
Dût mettre ma tante en colère,
J'aurais bien dit qu'on n'en fît pas.
Julien, sans festin et sans danse,
A moi tout d'mêm' se s'rait uni,
Et j'l'en aurais pas moins chéri :
En pareil cas, on peut mieux, j' pense,
S'passer d'la noc' que du mari.

GUÉNOT.

La colère de la tante passera.

PERRETTE.

Oh ! j'en sais bien le moyen.

GUÉNOT.

Eh bien ! il faut l'employer.

PERRETTE.

Oui ; mais c'est que vous ne voudrez peut-être pas.

GUÉNOT.

Moi ! parlez toujours.

PERRETTE.

Ça serait de vous en aller.

GUÉNOT.

M'en aller ? je ne fais que d'arriver !...

PERRETTE.

Pour deux ou trois jours seulement.

GUÉNOT.

C'est une mauvaise plaisanterie.

PERRETTE.

Au contraire ; elle serait bonne ; ma tante s'imaginera que vous ne vous souciez pas de la place, et dans sa joie, elle ne s'opposera plus au mariage.

GUÉNOT.

Vous croyez ?

PERRETTE.

Je la connais.

GUÉNOT.

Et le repas de noces ?

PERRETTE.

Elle le fera...

GUÉNOT.

Il sera détestable.

PERRETTE.

Qu'est-ce que ça fait...

GUÉNOT.

Songez à sa colère quand je reparaîtrai.

PERRETTE.

Je serais mariée ; et, une fois mariée, je me mocque de ma tante.

GUÉNOT.

C'est fort bien ; mais si jamais elle soupçonnait notre intelligence...

PERRETTE.

Oh ! soyez tranquille ; Julien m'a fait la cour dix-huit mois avant qu'elle s'en aperçût.

GUÉNOT.

AIR : *Restez, restez, troupe jolie.*

Si je cédais à votre envie...

PERRETTE.

Ah! n'allez pas me refuser.

GUÉNOT.

Il me faudrait, ma chère amie,
Pour ma récompense un baiser.

PERRETTE.

C'n'est pas qu'à c'baiser je m'oppose,
Puis c'est pour servir notre amour ;
Puis un baiser c'est si peu d' chose,
Je vous le promets au retour.

GUÉNOT *voulant l'embrasser.*

En vérité, vous êtes si gentille... que... (*On entend
dans la coulisse*) : Perrette! Perrette !

PERRETTE.

C'est ma tante ! (*Elle se sauve.*).

GUÉNOT *courant après elle.*

Partez bien vite !... mais auparavant, il me faut le baiser. (*Il fait de nouveaux efforts pour l'embrasser, et ne
peut en venir à bout ; il revient en scène, quand Perrette
est disparue, et dit :*) Je ne l'ai pas !...

SCÈNE XIII.

GUÉNOT, GERTRUDE.

GERTRUDE.

Où est-il? où est-il?... ce fameux cuisinier, qui arrive
tout chaud de Paris?...

GUÉNOT.

Qui est-ce qui vient encore me déranger. Ah! c'est la
vieille dont on m'a parlé... Ah! mon dieu! je connais cette
voix là!... (*Ils se reconnaissent.*)

GERTRUDE.

Miséricorde !

GUÉNOT.

Est-il possible !

AIR *du Prisonnier.*

Oh ! ciel ! (*bis*) qu'est-ce donc que cela ?

GERTRUDE.

Oh ! ciel ! (*bis*) qu'est-ce que je vois là ?
C'est mon mari !....

GUÉNOT.

Quoi ! c'est ma femme !

GERTRUDE.

Qui, vous, ici ?

GUÉNOT.

C'est vous, Madame !

ENSEMB.
> Je sens mon cœur qui palpite :
> Est-ce de joie ou d'courroux ?
> Mais il bat encore plus vite,
> Faut-il tomber à ses genoux.

GUÉNOT.

Comment !.... c'est vous, Madame !

GERTRUDE.

C'est vous, Monsieur !...

GUÉNOT.

Vous, cuisinière !

GERTRUDE.

Qu'est-ce qu'il y a d'étonnant à ça ?

GUÉNOT.

Vous, cuisinière ! si j'avais eu envie de vous trouver, ce n'est pas à la cuisine que j'aurais été vous chercher... et surtout à la cuisine d'un naturaliste tel que M. de Buffon.

GERTRUDE.

Et pourquoi pas ?

GUÉNOT.

Pourquoi pas !... quelles études avez-vous faites, je vous prie ?... chez quel maître avez-vous travaillé ? de qui avez-vous reçu les premiers élémens de cet art sublime ?... car enfin, lorsque je vous ai connue, vous étiez couturière... ce n'est pas que je n'estime les couturières ; il y en a de fort jolies... toutes ne se ressemblent pas ; il y en a de trèsrespectables... mais à cette époque vous ne songiez pas à la cuisine! Lorsque je vous épousai... je m'aperçus que vous étiez d'une ignorance...

GERTRUDE.

Oui, mais depuis ce tems-là...

GUÉNOT.

Écoutez, je n'ai pas l'intention de vous humilier; mais enfin, puisqu'un hasard que je ne cherchais pas...

GERTRUDE.

Ni moi non plus.

GUÉNOT.

Me procure un quart-d'heure d'entretien avec vous.... répondez-moi... Que savez-vous faire?...

GERTRUDE.

Tout !...

· GUÉNOT.

Ah! par exemple, tout... Je parie qu'à la première question je vous embarrasse... Voyons, comment fait-on un gigot à la Mailly, un gigot panaché, des côtelettes de mouton en robe de chambre?...

GERTRUDE.

Ah! dame !... j'ai négligé...

GUÉNOT.

J'ai négligé.... négligé... je vous dis en robe de chambre...

GERTRUDE.

En papillottes, vous voulez dire?

GUÉNOT.

Alors, c'est par trop négligé... allons! laissons cela, et passons à autre chose... Comment arrange-t-on les poulets à la Béchamelle?...

GERTRUDE, *embarrassée.*

Mais... je....

GUÉNOT.

Là .. j'en étais sûr... j'étais sûr qu'en vous parlant de Béchamelle, vous n'y seriez plus... je vais vous le dire; écoutez et profitez.

AIR : *Eh! voilà comme tous s'arrange.*

Fait's cuir' vos poulets tant soit peu,
Mais assez pour qu'ils prenn'ent d'la mine;

Dans une cass'rol' mettez sur l'feu
D'la crêm', du beurr', de la farine ;
De persil et d'ail deux bouquets
Doiv'nt assaisonner ce mélange,
Puis, vous le j'tez sur vos poulets,
Qu'vous avez coupés par filets,
Et voilà comme ça s'arrange.

GERTRUDE.

Eh ! mon Dieu, Monsieur l'embarras, il y a dix ans qu'on fait des poulets à la Béchamelle... sans savoir ce que c'est... Au surplus, mon cher Monsieur Guénot, puisque c'est ainsi que vous vous faites appeler ; croyez que j'en sais autant que vous, et que, soit en cuisine, soit en toute autre chose, vous trouverez ici votre maître...

GUÉNOT.

C'est trop plaisant... vous connaissez ma réputation...

GERTRUDE.

C'est de la fumée.

GUÉNOT.

Parbleu, Madame mon épouse, vous méritez bien une leçon.

GERTRUDE.

En vérité...

GUÉNOT.

Il y a ici un repas de noce.

GERTRUDE.

Eh bien...

GUÉNOT.

Je veux bien descendre jusqu'à lutter avec une cuisi-nière !... que chacun de nous s'empare d'une portion de ce repas, et convenons que celui des deux qui aura prouvé plus de talent, restera maître des fourneaux.

GERTRUDE.

Vous n'y pensez pas...

GUÉNOT.

Ah ! vous cédez.

GERTRUDE.

Céder à mon mari... moi !.... j'accepte la proposition, et je vous engage à ne pas défaire vos malles.

GUÉNOT.

Et moi je vous conseille d'aller faire vos paquets.

GERTRUDE.

AIR *du Pont des Arts.*

Entre nous plus de querelle ;
Luttons, puisque c'est ainsi,
Et de talent et de zèle.

GUÉNOT.

J'accepte votre défi.

GERTRUDE.

La cuisine me réclame,
Dans peu nous verrons beau jeu.

GUÉNOT.

Moi, je vais toujours, Madame,
Le premier me mettre au feu.

ENSEMBLE.

Entre nous plus de querelle,
Etc., etc.

(*Guénot sort ; il emporte à la cuisine le panier que le domestique a apporté à la scène X.*)

SCÈNE XIV.

GERTRUDE , *seule.*

Va, va... je te prépare un plat de mon métier... Qui m'aurait dit que je reverrais aujourd'hui mon mari, et que je ne lui arracherais pas les yeux !... Depuis dix ans que nous sommes séparés... Il s'est fait un nom ; peut-être a-t-il amassé de la fortune... hé ! hé ! de la fortune... il en est capable... tous les deux chez M. de Buffon, à la tête de la dépense... si ce drôle-là voulait, on pourrait faire ses petites affaires... en tout bien, tout honneur.

SCÈNE XV.

GERTRUDE, PERRETTE.

PERRETTE.

Ma tante... ma tante !...

GERTRUDE.

Eh ! bien... comment Mademoiselle, vous ne vous êtes pas déshabillée...

PERRETTE.

Non ma tante... Dites-donc, ma tante, vous n'êtes plus
fâchée ?

GERTRUDE.

Moi !...

PERRETTE.

Vous ne savez pas, ce fameux cuisinier dont vous aviez
peur ce matin...

GERTRUDE.

Tu l'as vu ?

PERRETTE.

Je lui ai parlé !... Oh ! comme il est laid !

GERTRUDE.

Qu'est-ce que tu dis donc ?

PERRETTE.

Il a un air... jamais vous n'auriez pu vivre ensemble.

GERTRUDE.

Vraiment !...

PERRETTE.

Il l'a bien senti... car il s'en est allé.

GERTRUDE.

Heim ?

PERRETTE.

Je dis que cet original, dont l'arrivée vous avait mise en
fureur ce matin, est reparti.

GERTRUDE.

Guénot est reparti ?...

PERRETTE.

Sur-le-champ... vous voilà bien contente !...

GERTRUDE.

Comment ! le monstre... le scélérat m'aurait jouée à ce
point... non, non, ce n'est pas possible... Là, tout à
l'heure encore il me proposait une lutte... Si j'étais sûre
qu'il fût parti ! tu n'épouserais pas ton Julien, de dix ans !...

PERRETTE.

Ah ! çà, expliquez-vous donc ? ce matin, vous vous
mettiez en fureur à cause de son arrivée; vous voilà maintenant en colère à cause de son départ... Mon mariage est
cassé s'il reste, il est rompu s'il s'en va... Je n'y entends
plus rien.

GERTRUDE.

Je n'ai qu'un mot à te dire... si ce misérable était parti,
tu aurais affaire à moi... Retrouver un mari, et le reper-
dre en un quart-d'heure, sans savoir s'il valait la peine
qu'on le regrettât... j'étouffe... je suis d'une fureur...

(*Sortie vive.*)

SCÈNE XVI.

PERRETTE, *seule*.

Là... est-ce du guignon !... ma tante perd la tête... elle
ne sait plus ce qu'elle veut ! c'est fini !... ce maudit cuisinier
avait bien besoin de venir ici pour tout brouiller...

SCÈNE XVII.

PERRETTE, JULIEN.

JULIEN.

Eh ! bien, Perrette ?...

PERRETTE.

Nous sommes encore pis, et notre mariage est moins
avancé que jamais.

JULIEN.

Bah ! puisque monsieur Guénot a consenti à s'en aller.

PERRETTE.

Justement : c'est ça qu'il ne fallait pas.

JULIEN.

Tu plaisantes !

PERRETTE.

Ma tante en est folle, elle court après.

JULIEN.

Là !... eh ! bien, qu'est-c'que ça va devenir tout ça ?...
je ne sais plus où j'en suis, moi, à présent.

AIR *du Petit Courrier.*

Faut-il que je reste garçon ?
Pour l'hymen faut-il que j'm'apprête ?
Gertrude a-t-ell' perdu la tête ?
Ell' dit tantôt *oui*, tantôt *non*.

De nous deux, je crois qu'ell' se gausse ;
Dans l'incertitud' nous laisser...
Il est dur, le jour de sa noce ;
De n'savoir sur quel pied danser.

PERRETTE.

Que veux-tu que j'y fasse.

JULIEN. .

Au surplus, ta tante est une bonne femme ; mais nous pouvons nous en passer.

SCÈNE XVIII.

LES MÊMES, POT-DE-VIN, BEXON, LES AUTRES SAVANS.

LES SAVANS.

AIR : *Mon cœur à l'espoir s'abandonne.*

Vive Montbard ! on y trouve à sa guise,
Des fleurs, des fruits, venus de toute part ;
S'il est sur terre une terre-promise,
On doit la trouver à Montbard.

BEXON.

A Montbard on voit réunies
Des plantes des climats lointains ;
Du monde, les quatre parties
Viennent fleurir dans ses jardins.

TOUS.

Vive Montbard ! etc.

BEXON.

A propos, vous avez parlé ce matin d'une noce...

POT-DE-VIN.

Vous voyez les futurs époux.

BEXON, *lui passant la main sous le menton.*

Voilà une petite mariée charmante.

PERRETTE.

Monsieur est bien honnête.

JULIEN,

Pas vrai, Monsieur, qu'elle est jolie ?

3

POT-DE-VIN.

Eh! eh! monsieur Bexon, pour un philosophe, nous aimons encore les jolies filles.

BEXON.

C'est précisément parce que je suis philosophe.

AIR *de Julie.*

Aimable et douce créature,
La femme, on ne peut le nier,
Des chefs-d'œuvre de la nature
Aux yeux du sage est le premier.
Rendre à ce sexe un juste hommage,
A la nature c'est parler,
Et n'est-ce pas la contempler
Dans son plus séduisant ouvrage ?

JULIEN.

Dieu ! qu'on est heureux d'être savant !... on ne dit que de jolies choses...

POT-DE-VIN.

A propos, on m'a dit que monsieur Daubenton avait envoyé les oiseaux et les poissons étrangers qu'il avait promis à monsieur de Buffon...

BEXON.

Rassurez-vous; ils sont entre bonnes mains.

POT-DE-VIN.

Monsieur de Buffon y attache beaucoup de prix... il m'a même ordonné de vous prier de les observer avec le plus grand soin.

BEXON.

Nous remettrons la séance après le dîner.

SCÈNE XIX.

LES MÊMES, UN DOMESTIQUE.

LE DOMESTIQUE.

Ces Messieurs sont servis.

(Des laquais entrent, et portent une table servie, qu'ils placent au milieu du théâtre.)

TOUS.

A table ! à table !...

BEXON , *regardant la table.*

Mais quel luxe , quelle splendeur.

POT-DE-VIN , *à part.*

D'où diable a-t-il tiré tout ça.

BEXON , *regardant.*

Dieu me pardonne ! voilà une carpe du Rhin... je ne me trompe pas , voilà des canards du Groënland , les pattes palmées, le bec coloré !...

POT-DE-VIN , *criant tout haut.*

Ah! mon Dieu, si ce damné de cuisinier! ah ! scélérat... tu vas me payer cher... qu'on appelle le cuisinier.

BEXON.

Quel luxe ! servir à dîner des animaux d'un si grand prix... d'une rareté pareille...

POT-DE-VIN.

Qu'on appelle le cuisinier, qu'on amène le cuisinier ! Guénot, où est M. Guénot! Guénot! Guénot!... Guénot !...

SCÈNE XX.

Les Mêmes, GUÉNOT, *arrivant en costume de cuisinier.*

GUÉNOT.

Que me veut-on, que demande-t-on ? (*se retournant vers la coulisse par où il vient d'arriver*) n'ôtez pas le four de campagne !... mettez-y un peu de feu... très-peu !...

POT-DE-VIN , *en colère.*

Nous expliquerez-vous, Monsieur, le menu de votre diner ?

GUÉNOT.

Le menu, Monsieur, il est dans les règles , dans toutes les règles , et je le soutiendrai devant tous les cuisiniers et les maîtres d'hôtel de Paris...

POT-DE-VIN.

Il ne s'agit pas de cela, Monsieur; qu'est-ce que c'est que tous ces ragoûts ?

GUÉNOT.

Goûtez-y, Monsieur, et vous le verrez; comment! on commence par se plaindre, et personne n'a touché encore au service.

BEXON.

Je ne me trompe pas, c'est M. Guéneaud... quelle est cette mascarade ?

GUÉNOT.

Oüi, Monsieur, c'est moi!... vous me voyez dans mon coup de feu!... Ah! parbleu! je suis charmé de vous trouver!... goûtez-moi cela, je vous prie!... (*à Pot-de-Vin, en découvrant les plats les uns après les autres*) faites-moi le plaisir de me dire si vous trouvez quelque chose à reprendre ici, quatre entrées, dont deux grasses et deux maigres, un relevé de potage, en huit hors-d'œuvres; est-ce régulier, est-ce classique ?... (*à Pot-de-Vin*) Apprenez, Monsieur, que j'ai remué la casserole chez les fermiers-généraux, et que j'ai tenu la queue de la poêle dans la cuisine d'un ambassadeur.

BEXON.

Vous n'êtes donc pas naturaliste ?...

GUÉNOT, *lui présentant une assiette servie et un morceau de viande au bout d'une fourchette.*

Goûtez-moi cela, encore une fois, et dites naturellement ce que vous en pensez.

POT-DE-VIN.

Lui, naturaliste!... c'est Guénot le cuisinier...

BEXON.

Ah! le malheureux! il aura fait le dîner avec l'envoi de M. d'Aubenton; la carpe du Rhin, les gélinottes, les pigeons du Cap, tout y a passé.

GUÉNOT.

Eh! certainement tout y a passé; que vouliez-vous que j'en fisse ? fallait-il pas les faire empailler par hasard ?

BEXON, *en colère et très-vivement.*

Eh ! sans doute, Monsieur, il fallait les faire empailler, c'est pour cela qu'ils avaient été adressés à...

GUÉNOT, *l'interrompant vivement.*

Alors ce n'est plus ma partie ; je n'empaille qu'avec des truffes !.... entendez-vous ça, Monsieur...

BEXON.

Quelle sera la colère de M. de Buffon, quand il apprendra que des objets si rares ! si précieux !... sont tombés entre les mains d'un Vandale.... d'un Goth ?...

GUÉNOT.

Apprenez que je ne suis ni Vandale, ni Goth, Monsieur...

POT-DE-VIN.

Allez, Monsieur, allez faire votre paquet, je vous renvoie.

GUÉNOT.

Il suffit, Monsieur, je partirai ; mais je ne me mettrai en route qu'après qu'on m'aura jugé. Mangez le diner, Messieurs, je ne sors pas d'ici que tout ça ne soit mangé !... et vous me direz après si je mérite d'être chassé ; et si tout ce gibier ne fait pas plus de profit aux convives de M. de Buffon, sur une table bien servie, qu'il ne lui ferait d'honneur dans un cabinet d'histoire naturelle.

POT-DE-VIN, *en colère.*

AIR : *C'est Lucifer échappé de l'Enfer.* (Petites Danaïdes.)

Sortez d'ici, cuisinier de malheur !
Point de grâce,
Je vous chasse !
Sortez d'ici, cuisinier de malheur !
Ou redoutez ma fureur !

GUÉNOT.

Un instant j'entends ma femme !

TOUS.

Quoi ! vous êtes marié !

GUÉNOT.

Oui... jugez au fond d'votre âme
Si j'suis digne de pitié !...

TOUS.

ENSEMB.

Monsieur Pot-d'Vin , calmez votre fureur !
Mon'cher ami,
Nous vous demandons sa grâce ;
Monsieur Pot-d'Vin , calmez votre fureur,
Mon cher ami ,
Et pardonnez son erreur.

POT-DE-VIN.

Sortez d'ici , etc.

SCÈNE XXI.

LES MÊMES, GERTRUDE , *apportant un mets.*

GERTRUDE , *servant son plat.*

Tenez , Messieurs , goûtez ça , et dites-moi si je n'ai pas
bien autant de talent que mon mari...

TOUS.

Votre mari !...

GERTRUDE.

Oui, Messieurs ; par le plus grand hasard du monde, le
cuisinier se trouve être le mari de la cuisinière.

BEXON.

Raison de plus, mon cher Pot-de-Vin , pour lui faire
grâce.

TOUS.

Oui ! oui !... grâce !

POT-DE-VIN.

Eh ! mon Dieu ! quand je lui ferais grâce , il n'en
partirait pas moins d'ici, puisqu'il ne peut rester nulle part
avec sa femme.

GERTRUDE.

Non ! c'est moi qui lui cède la place... (*Elle va pour
sortir.*)

GUÉNOT *court après sa femme, et la ramène d'un air attendri et très-amoureux.*

AIR : *Grenadier que tu m'affliges.*

Cuisinièr', que tu m'affliges,
En me faisant tes adieux....

GERTRUDE, *même jeu d'attendrissement.*

Cuisinier, quand tu m'négliges,
Je dois fuir loin de tes yeux.

GUÉNOT *voit sa femme qui s'éloigne en pleurant ; il pleure aussi, et va pour sortir du côté opposé ; mais Pot-de-Vin le retient, et, par son jeu muet, lui conseille de courir après sa femme; Guénot se décide après plusieurs hésitations : enfin il la ramène, ils sont tous deux fortement émus et attendris, et Guénot continue le couplet (1).*

Reste... que la mêm' cuisine
Nous réunisse en ce jour,
Et que l'Amour
Rallume sa flamme divine,
A celle de nos
Fourneaux.

TOUS.

Oui, que la même cuisine
Vous réunisse en ce jour,
Et que l'Amour
Rallume sa flamme divine
A celle de vos
Fourneaux.

PERRETTE.

Ah ! ça, dites donc, ma tante, et nous?...

JULIEN.

Ah ! oui ! nous qui brûlons aussi ?...

GERTRUDE.

Vous brûlez aussi?... Eh bien, mariez-vous, et que ça finisse !

(1) Cette pantomime, très-bien jouée par M. Potier et Madame St.-Amand, ne doit se prolonger qu'autant qu'elle fait plaisir aux spectateurs.

VAUDEVILLE FINAL.

TOUS *en chœur.*

AIR *de Joconde.*

Du grand Buffon honorant la mémoire,
    Ah ! Messieurs, puissiez vous payer,
    Par quelques bravos à sa gloire,
    Les gages de son cuisinier.

GUÉNOT, *au public.*

AIR *du vaudeville du Code et l'Amour.*

Messieurs, qu'est-ce qu'un vaudeville ?
Tranchons le mot, c'est un ragoût,
Qu'il n'est pas toujours très-facile
D'assaisonner à votre goût :
Il suffit d'un léger nuage
Pour en troubler la liaison ;
Et quand il survient un orage
C'est l'auteur qui boit un bouillon.

TOUS, *en chœur.*

Du grand Buffon honorant la mémoire, etc.

FIN.

Imprimerie de DONDEY-DUPRÉ , rue St.-Louis, n. 46, au Marais.

CPSIA information can be obtained
at www.ICGtesting.com
Printed in the USA
BVHW091712201118
533618BV00022B/2782/P